MIGLIORA LA TUA ATTIVITÀ GRAZIE A KAIZEN

INFORMAZIONI CHIAVE

- **Nomi:** Kaizen, miglioramento continuo, miglioramento incrementale.

- **Utilizzi:** Questo approccio è utilizzato principalmente in ambito aziendale e vuole migliorare la qualità dei risultati di una linea di produzione apportando piccole modifiche al metodo di lavoro. Può essere utilizzato anche alla vita di tutti i giorni, in quanto consente miglioramenti piccoli e poco costosi.

- **Perché ha successo?** Il Kaizen, che può coinvolgere tutti i servizi e tutti i dipendenti di un'azienda, si è dimostrato efficace in quanto consente di migliorare la produttività e la qualità dei prodotti riducendo i tempi di attesa e ottimizzando il processo produttivo. Su scala più ampia, migliora le condizioni di lavoro in azienda.

- **Parole chiave:**

  - <u>Miglioramento continuo</u>: Questo concetto è reso possibile dall'utilizzo di strumenti e metodi sempre più efficienti e adatti all'attività dell'azienda. Questi strumenti e metodi vengono costantemente rivisti e ottimizzati, portando a piccole modifiche e nuove best practice.

MIGLIORA LA TUA ATTIVITÀ GRAZIE A KAIZEN

Piccoli cambiamenti, grandi ricompense

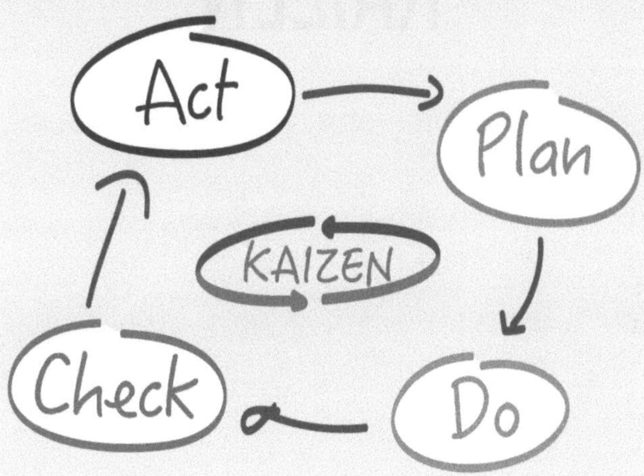

MIGLIORA LA TUA ATTIVITÀ GRAZIE A KAIZEN

Piccoli cambiamenti, grandi ricompense

scritto da Antoine Delers
tradotto par Sara Rossi

- Lean management: Un metodo di gestione del lavoro giapponese che mira a ridurre gli sprechi (*muda*), il sovraccarico di lavoro causato da processi inadeguati (*muri*) e l'incoerenza (*mura*) all'interno di un'azienda.

- Sistema di produzione Toyota: Un metodo di organizzazione generale del lavoro giapponese che mira a massimizzare la qualità, ridurre i difetti e gli sprechi, oltre ad avviare un miglioramento continuo dell'azienda. Questo tipo di organizzazione del lavoro comprende la produzione snella e il Kaizen.

INTRODUZIONE

Il Kaizen è apparso per la prima volta in Giappone negli anni '50, quando un ingegnere, Taiichi Ohno (1912-1990), ha creato il Sistema di Produzione Toyota, un tipo di organizzazione del lavoro basato sulla riduzione dei costi e sul miglioramento della produttività e della qualità dei prodotti. Il Sistema di Produzione Toyota comprende una serie di strumenti per raggiungere gli obiettivi di qualità, redditività e riduzione dei costi stabiliti in precedenza. Tra questi, la produzione just-in-time e il Kaizen.

DEFINIZIONE DEL MODELLO

Kaizen è un approccio al miglioramento continuo che può essere applicato a una linea di produzione. Dalle parole giapponesi *Kai*, che significa "cambiamento", e

Zen, che significa "buono" o "migliore", il Kaizen si basa sul costante adattamento degli strumenti e delle procedure esistenti per migliorare il risultato finale. Questo approccio, che richiede la partecipazione di tutti i dipendenti e i dirigenti, è considerato più uno stato d'animo che un vero e proprio metodo. Comprende diversi altri strumenti che possono essere utilizzati insieme, come il PDCA, il Total Quality Management e il Single-Minute Exchange o Die.

Il Kaizen è nato in Asia e segna una rottura con il sistema occidentale, nel senso che punta a piccoli miglioramenti piuttosto che a grandi innovazioni. Si tratta di cambiamenti piccoli e continui, che non richiedono quindi investimenti consistenti. Questo approccio si applica soprattutto nelle organizzazioni in cui vige una cultura di appartenenza, tipica delle aziende giapponesi. In queste aziende, tutti i soggetti, dall'amministratore delegato fino ai semplici lavoratori, condividono la stessa lealtà e lo stesso senso di appartenenza nei confronti dell'azienda. Di conseguenza, si sforzano di svolgere il proprio lavoro nel miglior modo possibile e di migliorarlo costantemente; questa concezione del lavoro ha contribuito all'enorme successo dell'azienda Toyota.

TEORIA

LE ORIGINI

Alla fine della Seconda guerra mondiale (1939-1945), il Giappone era devastato e la sua economia era in rovina. Il suo sistema, precedentemente basato sulla conquista del territorio e sulla potenza dell'esercito, aveva perso la sua importanza. Dunque il Giappone decise di utilizzare la produzione per rilanciare la propria economia.

Un ingegnere dell'epoca, Taiichi Ohno, propose un nuovo metodo per l'organizzazione del lavoro e ne definì i principi di base. Questo metodo divenne noto come Sistema di Produzione Toyota, dal nome dell'azienda in cui fu introdotto. Questo sistema è considerato un miglioramento del taylorismo e del fordismo, due metodi americani di organizzazione del lavoro che privilegiano il miglioramento piuttosto che l'innovazione.

L'originalità del Kaizen sta nel coinvolgimento generale di tutta l'azienda, dai dipendenti alle procedure necessarie per la realizzazione dei prodotti. Ogni membro deve partecipare all'attuazione di elementi che tendono a migliorare l'azienda, definiti in anticipo. Il Kaizen prevede spesso la responsabilizzazione di piccoli gruppi di lavoratori che si riuniscono per identificare i problemi ricorrenti e trovare soluzioni. Suggerisce anche l'istituzione di "cassette dei suggerimenti" (ad esempio, una cassetta delle lettere collocata in fabbrica) per consentire ai dipendenti di offrire le loro opinioni, evidenziare i vari problemi esistenti e suggerire soluzioni. Se un'idea viene ritenuta rilevante, sarà oggetto di un progetto affidato a un team incaricato di implementare le nuove pratiche.

Infine, va ricordato che, come indica la sua traduzione, il Kaizen deve avere una attuazione costante per funzionare bene. Non richiede grandi investimenti e produce solo piccoli miglioramenti che, ottimizzati nel corso degli anni, permettono all'azienda di rimanere competitiva e di ricercare il miglioramento continuo.

 ## IL KAIZEN INSTITUTE

Il Kaizen Institute è una società di consulenza sulla metodologia Kaizen fondata a metà degli anni Ottanta. Aiuta e guida le aziende che desiderano migliorare le proprie prestazioni. In questo modo, supporta i clienti nei loro progetti di miglioramento continuo, sviluppando e pubblicando al contempo risorse su nuovi aspetti del metodo.

APPLICAZIONI NEL MONDO DEGLI AFFARI

Quando Kaizen viene applicato nei gruppi di lavoro, diventa un vero e proprio progetto di squadra: vengono istituite cassette dei suggerimenti e riunioni settimanali, e il metodo suggerisce anche di offrire premi ai dipendenti che propongono le idee migliori. Tuttavia, bisogna tenere presente che Kaizen non è un metodo a sé stante, poiché per funzionare deve essere combinato con altri strumenti.

Kaizen è utilizzato per:

- **Gestione della qualità.** L'obiettivo è quello di migliorare la qualità nella linea di produzione, che è essenziale per rimanere davanti ai concorrenti e fidelizzare i clienti. Nella gestione della qualità totale (TQM), utilizzata dall'approccio Kaizen, tutti i dipendenti sono coinvolti per ottenere una qualità quasi perfetta, nota come zero difetti. Si cerca di migliorare continuamente i risultati, anche se lo strumento originale è già efficace.

 ## CHE COS'È IL METODO "ZERO DIFETTI"?

Il metodo zero difetti sostiene la qualità totale dei prodotti, senza difetti. In realtà, l'assenza di difetti non è mai completamente raggiungibile. Il vero obiettivo è sviluppare una cultura in cui i dipendenti siano costantemente alla ricerca di un modo per avvicinarsi alla perfezione. Questo concetto fa parte di un altro più ampio: i 5 zeri, ovvero zero tempo, zero carta, zero magazzino, zero difetti e zero fallimenti.

- **Miglioramento della produttività.** Il Kaizen può essere applicato anche a livello di aumento della produttività. Una catena di produzione può presentare blocchi in vari punti, posizioni improduttive o linee di produzione troppo lente. In questi casi si possono utilizzare diversi strumenti. Lo SMED (Single-Minute

Exchange of Die), derivato dal Sistema di Produzione Toyota, è uno di questi: cerca di ridurre il tempo impiegato per modificare la calibrazione e gli strumenti per la fabbricazione di un altro prodotto. Ciò si traduce in un approccio Kaizen, in quanto il miglioramento della produttività comporta una profonda riflessione condivisa nei team, al fine di analizzare e snellire operazioni di questo tipo. Si può utilizzare anche un altro strumento, chiamato produzione just-in-time (JIT). Con questo metodo, ogni prodotto non finito deve essere completato e ogni pezzo deve arrivare al momento giusto e al punto giusto della linea di produzione. In questo modo si evitano interruzioni della produzione in caso di assenza di pezzi e si evita di lasciare grandi quantità di parti in attesa di produzione.

- **Migliorare le condizioni di lavoro.** Il Kaizen permette un miglioramento delle condizioni di lavoro di operai e impiegati, in particolare ottimizzando il loro ambiente professionale. È strettamente legato alle applicazioni precedenti, perché le modifiche alle postazioni di lavoro spesso influenzano – e migliorano – la produttività e la qualità. Inoltre, questo approccio consente alle aziende di motivare meglio i loro team e di ridurre il rischio di incidenti. Il metodo delle 5 S risponde a questa esigenza perché può essere applicato direttamente al posto di lavoro dei dipendenti: *Seiri* ("ordinare"), *Seiton* ("mettere in ordine"), *Seisou* ("brillare"), *Seiketsu* ("standardizzare") e *Shitsuke* ("sostenere").

- **Riduzione dei costi.** L'ultima applicazione del Kaizen riguarda la riduzione dei costi di produzione. È il risultato dei miglioramenti ottenuti grazie a una delle tre applicazioni del metodo sopra citate.

VANTAGGI

Il Kaizen ha molti vantaggi. Oltre a quelli già citati che costituiscono l'essenza dell'approccio Kaizen, ossia il miglioramento della qualità, della produttività e delle condizioni di lavoro, il metodo ha anche altri punti di forza.

- L'utilizzo del metodo Kaizen consente di implementare senza problemi i cambiamenti all'interno dei team. I membri di un'azienda non sono sottoposti a pressioni eccessive in relazione ai cambiamenti, poiché l'iniziativa di queste modifiche proviene per lo più dai lavoratori stessi. I cambiamenti vengono quindi accettati più facilmente e i dipendenti, sentendosi apprezzati, sono più motivati a metterli in pratica.

- I miglioramenti alle postazioni di lavoro aumentano la motivazione dei team coinvolti. Questa nuova ondata di entusiasmo può essere trasmessa grazie a una nuova sessione di riflessione sul miglioramento Kaizen. Questo implica un miglioramento "continuo", e quindi una riflessione quotidiana sul perfezionare processi e prodotti.

- Kaizen fornisce risultati rapidi. I team, che testano direttamente i piccoli miglioramenti, ne verificano più rapidamente la pertinenza, cosicché il rischio legato all'implementazione di una nuova macchina o di un nuovo software risulta essere molto basso.

- Infine, il Kaizen è in grado di rispondere alla concorrenza e quindi alla richiesta di competitività delle aziende, il tutto senza impiegare risorse significative o investimenti ingenti.

> *"Migliorare è cambiare; essere perfetti è cambiare spesso". (Winston Churchill)*

APPLICAZIONE PRATICA

Conosciute nel loro insieme come "progetto Kaizen", le varie fasi di attuazione del processo sono rese possibili dall'uso di strumenti legati al Kaizen e derivanti dal Sistema di Produzione Toyota (TPS). La maggior parte di essi è già stata menzionata, ma altri contribuiranno all'impostazione del progetto descritto di seguito.

Un progetto Kaizen è un singolo e brevissimo ciclo di miglioramento che, una volta completato, deve essere ripetuto continuamente. La durata può variare da alcuni giorni a un mese di lavoro, a seconda della complessità dei miglioramenti e delle implementazioni desiderate. Per questo motivo, ogni progetto deve seguire rapidamente un altro ed è possibile che se ne svolgano più di uno contemporaneamente.

FASE 1: ANALISI PRELIMINARE

In questa prima fase si effettua un'analisi preliminare della situazione, con l'obiettivo di evidenziare i punti da migliorare. Questi possono essere, ovviamente, uno dei problemi descritti in precedenza, ma non si limitano ad essi; il Kaizen si concentra sull'ottimizzazione delle procedure, anche se sembrano funzionare bene, per renderle ancora più efficienti. Per identificare le cause che impediscono ai membri del team di raggiungere la qualità a zero difetti, può essere opportuno utilizzare il diagramma di Ishikawa come illustrato di seguito:

Diagramma di Ishikawa

Il diagramma di Ishikawa, conosciuto anche come diagramma causa-effetto, diagramma delle 5 M o diagramma a lisca di pesce, è uno strumento di gestione della qualità introdotto da Kaoru Ishikawa poco dopo la Seconda Guerra Mondiale. Fornisce una rappresentazione visiva delle cause principali di un problema in cinque rami: materiale, metodo, madre natura, macchina e manodopera.

Una volta individuate le cause e le aree di miglioramento, è necessario completare un'indagine dettagliata della situazione attuale (utilizzando misure, figure di riferimento, ecc.) per confrontarla con i risultati ottenuti dopo il cambiamento. È estremamente importante verificare che i miglioramenti apportati alle procedure abbiano successo, anche se talvolta il guadagno può essere minimo. A seconda dell'obiettivo perseguito, si possono misurare i seguenti elementi:

- **La durata di una procedura.** In questo caso può essere studiato il tempo necessario per fabbricare un prodotto o per fornire un prodotto o un servizio (ad esempio, un pasto in un ristorante).

- **Quantità prodotte.** L'attenzione si concentra sul numero di prodotti fabbricati. Questa misura viene calcolata su intervalli di tempo ben definiti.

- **Tassi di soddisfazione.** Che si tratti dei dipendenti nel loro lavoro, dei clienti in relazione ai loro ordini o di qualsiasi altro stakeholder coinvolti nel processo, la soddisfazione viene misurata prima e dopo il progetto Kaizen.

- **Scarti.** È il tasso di scarti e il numero di prodotti scartati (prodotti con difetti di progettazione, obsoleti o danneggiati durante la fase di progettazione).

- **Costo.** Qui si analizza il prezzo di costo di un prodotto.

Infine, viene implementato un piano operativo del progetto Kaizen. Dato il breve intervallo di tempo tra l'inizio e la fine del Kaizen – poiché deve essere completato in tempi relativamente brevi – questa attività può essere ridotta al minimo (in uno o più reparti o linee di produzione). Ciò può essere paragonato ai metodi agili di sviluppo e gestione dei progetti, che consistono in una successione di cicli molto brevi che si susseguono ad intervalli brevi e che offrono un rapido sguardo ai risultati intermedi. Di conseguenza, alcune fasi del progetto, come la stesura dettagliata del piano Kaizen, possono essere considerate inutili e troppo dispendiose in termini di tempo.

FASE 2: SCELTA DEI GRUPPI DI LAVORO E DEI CIRCOLI DI QUALITÀ

La seconda fase del progetto Kaizen mira a formare e preparare i team che lavoreranno al progetto. Sebbene tutti i dipendenti debbano essere almeno in parte coinvolti nel miglioramento, è essenziale nominare un team responsabile del buon andamento del progetto.

La filosofia Kaizen presuppone che i dipendenti che lavorano direttamente sulla linea di produzione e sul prodotto partecipino al progetto, poiché sono i membri più coinvolti e spesso conoscono meglio i dettagli del loro lavoro. Poiché si tratta delle persone più in grado di trovare idee per il miglioramento, raggiungeranno efficacemente gli obiettivi di Kaizen, ossia trovare rapidamente modi per perfezionare il processo al fine di generare il minor numero possibile di costi. Alcuni potrebbero preferire il ricorso a team di consulenti e ingegneri esterni per migliorare l'efficienza, ma ciò non corrisponde affatto alla mentalità Kaizen.

Per questo motivo, viene nominato un team di progetto che riceve una formazione sulla gestione del personale e sul change management. Il team avrà la responsabilità di portare a termine con successo il progetto Kaizen organizzando circoli di qualità, ovvero gruppi di dipendenti che si riuniscono per una sessione di brainstorming per proporre e discutere idee per migliorare le procedure. A questo proposito, si può utilizzare una mappa mentale per presentare i loro pensieri e le soluzioni proposte in modo visivo e semplice.

FASE 3: ATTUAZIONE E CALCOLO DEI RISULTATI

La terza fase è l'attuazione del progetto Kaizen. I team applicano direttamente i cambiamenti necessari per migliorare le procedure. Come le prime due, questa fase è molto rapida, dato che i cambiamenti in questione sono spesso di piccola entità.

Segue una rivalutazione delle misure raccolte in precedenza (durante la prima fase). È importante misurare lo sviluppo e l'impatto dei cambiamenti ed eventualmente adattarli. È possibile creare un grafico dei cambiamenti per confrontare facilmente i risultati delle modifiche implementate con quelle originariamente previste.

FASE 4: FEEDBACK

Una volta apportati i miglioramenti, è il momento del feedback. Il team si riunisce nuovamente e valuta il risultato complessivo sulla base dei risultati osservati. Occorre inoltre considerare due punti cruciali:

- **Premi per il miglior dipendente.** È importante segnalare i dipendenti che hanno dato i migliori contributi e congratularsi con loro. L'idea è quella di motivare i team a rientrare nel ciclo Kaizen, incoraggiandoli a superarsi continuamente, sia per migliorare il proprio lavoro sia per sentirsi valorizzati a livello professionale.

- **Gestione del cambiamento.** Il team responsabile del successo del progetto deve comunicare e guidare i dipendenti in modo che dispongano di tutti gli elementi per il successo dell'implementazione.

 **GESTIONE DEL CAMBIAMENTO**

La gestione del cambiamento comprende tutte le pratiche manageriali che consentono il monitoraggio e la comunicazione ottimale dei cambiamenti attuati all'interno di un'azienda, a tutti i livelli gerarchici.

Questo supporto è essenziale per consentire a tutti di accettare i nuovi cambiamenti. Va ricordato che nel caso di Kaizen, i team stessi partecipano ai miglioramenti e quindi accetteranno più facilmente i cambiamenti.

STRUMENTI E METODI CHIAVE DEL KAIZEN

Esistono molti strumenti e metodi che possono essere utilizzati con l'approccio Kaizen. In questa sede ci limiteremo a quelli che derivano in generale dal Sistema di Produzione Toyota.

- Lo **SMED** (Single Minute Exchange of Die) è uno strumento per analizzare i cambi di calibrazione o di utensili. Consente agli utenti di studiare il tempo necessario per cambiare gli utensili per ogni fase della produzione e di limitarlo a un massimo di 10 minuti (il termine "minuto singolo" significa "un periodo di tempo in minuti composto da una sola cifra", cioè tra uno e nove minuti). L'obiettivo è la produzione di prodotti o materiali diversi – con caratteristiche diverse, in particolare in termini di dimensioni – continuando ad utilizzare la stessa macchina che dovrà quindi essere ricalibrata.

- **Il metodo delle 5 S,** che stanno per *Seiri* ("ordinare"), *Seiton* ("mettere in ordine"), *Seisou* ("brillare"), *Seiketsu* ("standardizzare") e *Shitsuke* ("sostenere"), consente agli utenti di gestire meglio i laboratori, gli spazi di lavoro e le pause dei dipendenti. L'obiettivo è organizzare meglio lo spazio professionale per migliorare le condizioni di lavoro dei team.

- **Kanban** è un termine giapponese che indica un'etichetta apposta su un lotto di pezzi in una linea di produzione, che ritorna al punto di partenza una volta che tutti i pezzi sono stati utilizzati. Questo strumento viene utilizzato in un flusso di produzione "a scatti", il che significa che la produzione è in attesa o viene riavviata ("a scatti") una volta che tutti i pezzi inviati in precedenza sono stati utilizzati grazie al Kanban.

- Il **PDCA** (Plan, Do, Check and Act) è un metodo ciclico di miglioramento della qualità, come il Kaizen.

- Il **TQM (Total Quality Management)** è un concetto di gestione della qualità che mira a coinvolgere tutti i membri dell'azienda nella ricerca appunto della qualità, evitando sprechi e scarti per arrivare a zero difetti.

- Il **TPM (Total Productive Maintenance)** è un metodo proattivo per la gestione degli strumenti di lavoro nella linea di produzione che incoraggia i lavoratori ad anticipare e risolvere i propri problemi con le macchine che utilizzano.

- **La produzione just-in-time (JIT)** è un metodo di gestione della produzione che favorisce un sistema di organizzazione in cui nessun pezzo (necessario per la produzione di un prodotto futuro) viene immagazzinato in anticipo. Piuttosto, ogni pezzo arriva nel luogo di progettazione, nel posto giusto e al momento giusto, in modo da poter essere utilizzato immediatamente. Questa tecnica, che si combina particolarmente bene con il metodo Kanban, consente di ridurre la quantità di giacenze dato che la produzione inizia solo quando c'è domanda.

- **I 5 zeri** sono un concetto di gestione della qualità sviluppato da Toyota. Questo metodo sostiene la qualità totale in una linea di produzione (zero tempo, zero carta, zero scorte, zero guasti e zero difetti).

RACCOMANDAZIONI

- Poiché si tratta di un processo continuo, si raccomanda di non fermarsi dopo le prime modifiche ma di mettere costantemente in discussione le procedure stabilite.

- Poiché tutti i dipendenti devono partecipare ai progetti di miglioramento continuo, la direzione deve assicurarsi che siano motivati. Ciò dipende in particolare dalla cultura dell'azienda, per cui i dipendenti devono essere monitorati attentamente, sia dai manager di linea che dal reparto risorse umane.

- Poiché i manager e i team di progetto devono assicurarsi che tutti partecipino e rimangano motivati, dovrebbero essere formati su Kaizen, gestione dei team, gestione delle discussioni di gruppo e gestione dei circoli di qualità.

- Poiché è importante fissare obiettivi chiari e raggiungibili, è fondamentale misurarli attentamente prima e dopo il cambiamento.

- Poiché l'obiettivo è massimizzare i risultati, può valere la pena di coinvolgere lavoratori con competenze differenti, in modo che ognuno arricchisca le discussioni condividendo le proprie esperienze.

CASO DI STUDIO: THE TOKIO DELIGHT

Il nostro studio si concentra su un ristorante giapponese situato nel centro della città, The Tokyo Delight. Si tratta di una piccola attività a conduzione familiare, caratterizzata da una tranquilla atmosfera giapponese, che offre pasti da consumare all'interno o da asporto. Il ristorante è aperto da diversi anni e non soffre di problemi finanziari significativi, ma ha incontrato alcune difficoltà ricorrenti, soprattutto nelle cucine. Alcuni assistenti non sono pienamente soddisfatti del loro lavoro e si lamentano, tra l'altro, della cattiva atmosfera che vi si respira. Non sono ancora state prese misure per affrontare questo problema, poiché i gestori ritengono che tutti i ristoranti soffrano di questo tipo di problemi. Il figlio del gestore, che aspira a rilevare il ristorante tra qualche anno, vuole affrontare i problemi e migliorare il funzionamento del locale il prima possibile.

Il Kaizen si adatta perfettamente a questa situazione, poiché si tratta di correggere alcuni piccoli problemi esistenti all'interno di un'azienda familiare che nel complesso funziona bene.

Fase 1: analisi preliminare di Tokyo Delight

Cominciamo con l'esaminare i problemi affrontati dall'azienda. Grazie al diagramma di Ishikawa, i dirigenti sono in grado di identificare le cause e di classificarle.

Una volta identificati i problemi principali, è possibile avviare il progetto Kaizen. I dirigenti sperano di risolvere il maggior numero possibile di problemi, con l'obiettivo di migliorare la soddisfazione dei dipendenti che poi si ripercuote sulla soddisfazione dei clienti. Ad esempio, la mancanza di spazio (individuata durante la stesura del diagramma di Ishikawa) causa la congestione della cucina, che a sua volta comporta tempi di attesa più lunghi per i clienti. Il team di camerieri è costretto a giocare per il tempo durante l'attesa dei clienti, il che aumenta regolarmente la tensione generale.

La seconda fase consiste nel misurare, quantitativamente e qualitativamente, i problemi attuali per poter confrontare i dati in seguito. In questa fase non tutto è contemplato, ad esempio il problema dei lavandini intasati non può essere misurato.

Infine, viene prodotto un piano operativo per il progetto Kaizen. In questo caso è limitato ad una sola settimana:

- **Giorno 1:** analisi preliminare, calcolo dell'offerta di menu e dei tempi di preparazione, sondaggi sulla soddisfazione di clienti e dipendenti.

- **Giorno 2:** creazione del circolo della qualità, brainstorming per identificare le principali idee di miglioramento.

- **Giorno 3:** implementazione dei miglioramenti e calcolo dei risultati preliminari.

- **Giorno 4:** implementazione dei miglioramenti e calcolo dei risultati.

- **Giorno 5:** fine dell'implementazione dei miglioramenti e calcolo dei risultati finali. Debriefing, premio per il miglior dipendente e feedback.

Fase 2: Scelta dei gruppi di lavoro e dei circoli di qualità

La seconda fase prevede la scelta dei gruppi di lavoro. Di solito nel ristorante ci sono solo i due gestori, spesso impegnati in cucina, due aiutanti di cucina e due camerieri in sala. Nel frattempo, il figlio del gestore si occupa della cassa, delle ordinazioni e dell'asporto. Poiché tutti sono coinvolti, si uniscono per formare un unico circolo di qualità. Il giovane ambizioso, che ha avviato il progetto, si addestra alla tecnica Kaizen per far sì che il progetto proceda nel modo migliore.

Dopo un'intensa sessione di brainstorming, il team riesce finalmente a proporre una serie di misure per migliorare la situazione. Purtroppo non tutti i problemi vengono risolti, ma vengono semplicemente rimandati al successivo progetto Kaizen. Di seguito è riportato l'elenco delle soluzioni proposte, ordinate in base alle categorie del diagramma di Ishikawa.

Fase 3: Attuazione e calcolo dei risultati

La terza fase è il cuore del progetto. Una volta identificati i miglioramenti, non resta che applicarli. Trattandosi di piccoli cambiamenti incrementali e non di grandi innovazioni, tre giorni di implementazione saranno più che sufficienti.

Successivamente, è il momento di calcolare i risultati. La raccolta dei dati può richiedere diversi giorni. Per semplificare il processo, in questa sezione viene presentata una sintesi dei risultati ottenuti.

Fase 4: Debriefing e feedback

Infine, The Tokyo Delight può iniziare la quarta e ultima fase del progetto Kaizen: la fase di debriefing. I risultati mostrano che la soddisfazione dei dipendenti è aumentata del 30%. Questo è uno degli obiettivi principali dell'approccio Kaizen. I proprietari del ristorante hanno dovuto accantonare alcune aree di miglioramento, che saranno affrontate in seguito in un altro progetto. Si spera che questo ristorante avvii presto un nuovo ciclo di miglioramento per incrementare continuamente i propri servizi.

Per questo esempio è importante notare che, dato il ciclo di cambiamento e il margine di miglioramento relativamente ridotti, non è stato necessario fornire orientamento e supporto ai lavoratori. È comunque importante congratularsi con ciascuno di loro e ringraziare il team per il loro coinvolgimento. Come già detto, la motivazione che ne deriva è necessaria per il successo dei futuri cicli Kaizen.

Conclusione

Come abbiamo visto, il metodo Kaizen può essere applicato ad un esempio molto semplice come quello che abbiamo scelto.

Sebbene questo metodo possa essere utilizzato nella maggior parte delle aziende, dobbiamo ricordare che la cultura dell'azienda contribuisce notevolmente al successo di un progetto Kaizen.

Sebbene i problemi riscontrati fossero piuttosto generali e potessero essere riassunti come un unico problema generale di soddisfazione dei dipendenti, il diagramma di Ishikawa ha permesso di identificare i diversi elementi del problema. Evidenziando le cause e soprattutto presentandole in modo chiaro, questa fase ha fornito una solida base su cui lavorare. A ciò si aggiunge la necessità di monitorare le fasi del progetto affinché si svolga senza intoppi. Se dopo il primo progetto Kaizen alcuni punti di miglioramento non sono ancora stati affrontati, sarà possibile trovare soluzioni adeguate durante un Kaizen successivo. Ad esempio, nel caso della mancanza di spazio in cucina nel ristorante The Tokyo Delight, potrebbe essere una buona idea riorganizzare gli spazi di ognuno per evitare che i dipendenti si intralcino a vicenda. L'importante è tenere presente che il miglioramento deve essere continuo.

LIMITI ED ESTENSIONI

LIMITI E CRITICHE

Nonostante il metodo Kaizen presenti vantaggi innegabili, è stato oggetto di diverse critiche. La principale critica a questo approccio, che promuove il miglioramento piuttosto che l'innovazione, è il fatto che non risolve tutti i problemi: affinare costantemente un prodotto prendendo come punto di partenza ciò che è già stato fatto e modificato non permette di correggere tutto. A volte è necessario ripartire da zero e riprogettare l'intero processo per lavorare su basi solide.

Altre critiche a questo approccio sono le seguenti:

- Sebbene il Kaizen consenta miglioramenti graduali, è importante diffidare dei cambiamenti "troppo graduali". Se un'azienda è in ritardo rispetto ai suoi concorrenti in termini di prodotti e servizi offerti, i piccoli miglioramenti continui non saranno sufficienti per recuperare rapidamente quote di mercato. Se ad esempio un concorrente lancia un nuovo e rivoluzionario tipo di prodotto sarà probabilmente difficile applicare il Kaizen a prodotti che, in realtà, sono diventati obsoleti, per renderli nuovamente competitivi.

- L'approccio richiede una forte motivazione e quindi la piena partecipazione di tutti i soggetti coinvolti. In Giappone, il concetto di cultura aziendale è molto più sviluppato in questo senso e il rapporto tra dipendenti e management è rigido e formale. Il coinvolgimento dei dipendenti è spontaneo, motivo per cui questo concetto ha successo in questo Paese. Lo stesso principio non è sempre applicabile in Occidente. Se viene utilizzato, può essere necessario un programma di premi e incentivi per garantire il successo del progetto Kaizen.

- Infine, il Kaizen può essere contestato da un punto di vista etico, se applicato in modo scorretto. L'implementazione del metodo Kaizen in un'azienda può, attraverso il miglioramento di una catena di produzione, portare all'aumento della produttività e della competitività, causare una riorganizzazione interna (licenziamento di dipendenti, ecc.). Si tratta di una condivisione iniqua dei benefici del Kaizen. Logicamente, se un'azienda diventa più prospera dovrebbe garantire una maggiore sicurezza del lavoro. In pratica, però, spesso si verifica il contrario: le posizioni diventate inutili vengono eliminate, il che porta al licenziamento dei lavoratori o alla loro riallocazione in nuove posizioni più adatte alle competenze espresse.

MODELLI ED ESTENSIONI CORRELATE

Il modello Kaizen viene spesso paragonato a due modelli giapponesi: Kaikaku, strumento basato sull'innovazione per i cambiamenti radicali, e Hoshin, strumento di implementazione rapida basato sul Kaizen. Più in generale, il Kaizen può essere discusso anche insieme al taylorismo e al fordismo, due tipi di organizzazione del lavoro.

Il concetto di Kaikaku

Il metodo Kaikaku, che come il Kaizen ha avuto origine in Giappone, viene utilizzato anche per il miglioramento della qualità. Il suo nome, comunemente tradotto come "cambiamento radicale" all'interno di un processo (spesso nella produzione per aumentare l'efficacia), non riflette più il desiderio di un miglioramento continuo, ma quello di una profonda innovazione. Sebbene le due filosofie siano simili (in quanto entrambe basate sul miglioramento), il Kaikaku non è un metodo continuo, in quanto le modifiche vengono apportate e completate nell'ambito di un progetto specifico e con un obiettivo preciso.

L'approccio Hoshin

Il processo Hoshin, che significa "gestione della direzione", è relativamente simile al Kaizen, con la differenza che è limitato nel tempo. L'Hoshin, chiamato anche Blitz Kaizen ("Kaizen Lampo"), si basa su cambiamenti strategici specifici attuati molto rapidamente. Nella maggior parte dei casi, l'obiettivo è quello di rispondere in un arco di tempo limitato a una concorrenza significativa. Il sistema si differenzia dal Kaizen, in particolare per quanto riguarda il processo decisionale, che non avviene più all'interno di gruppi di dipendenti dotati di poteri, ma a livello dirigenziale.

Il taylorismo

Il taylorismo è un'organizzazione scientifica del lavoro originaria degli Stati Uniti, in cui i metodi e i movimenti dei lavoratori vengono studiati e misurati con precisione al fine di ottimizzarli. Sviluppato per la prima volta da Frederick Winslow Taylor alla fine del XIX secolo, quindi molto prima della concezione del metodo Kaizen, il sistema cerca di aumentare i guadagni attraverso l'ottimizzazione della produttività e il miglioramento delle condizioni di lavoro dei dipendenti. In pratica, questo significa che ogni lavoratore lavora su compiti semplici, standardizzati e ripetitivi.

Fordismo

Dal nome dall'industriale americano Henry Ford (1843-1947), questo sistema di organizzazione del lavoro si basa sui postulati del taylorismo ed è stato applicato nella fabbrica Ford dal momento della sua apertura nel 1905. Praticamente abbandonato al giorno d'oggi, all'epoca mirava alla produzione di massa di prodotti standardizzati (come la famosa Ford Modello T), con conseguente lavoro in linea e quindi maggiore produttività. Le condizioni di lavoro dei dipendenti Ford sono sempre state dure e con scarsi margini di miglioramento; solo il salario poteva servire come fonte di motivazione.

SINTESI

- Il Kaizen è un processo di miglioramento continuo introdotto da Taiichi Ohno, ingegnere giapponese considerato il padre del Sistema di Produzione Toyota. Questa filosofia sostiene la gestione della qualità, la riduzione degli sprechi e il miglioramento della produzione.

- Il metodo Kaizen può essere applicato alla maggior parte delle aziende e consente di ottenere miglioramenti rapidi e minimi in un periodo di tempo relativamente breve e con un budget limitato.

- Una delle condizioni più importanti per il successo di un progetto Kaizen è la motivazione e la partecipazione di tutti i lavoratori al progetto. I dipendenti, che sono direttamente coinvolti dovrebbero essere i principali partecipanti al progetto Kaizen e alla ricerca di soluzioni adeguate.

- Le applicazioni del processo in ambito aziendale riguardano i seguenti aspetti:

  - miglioramento della qualità;

  - eliminazione degli sprechi;

  - riduzione dei costi di produzione e manutenzione;

  - aumento della produzione;

  - miglioramento delle condizioni di lavoro.

- Il Kaizen permette l'implementazione di cambiamenti limitati e senza intoppi, riducendo la pressione sui lavoratori. Altri vantaggi sono la rapidità con cui si applicano tali miglioramenti e si ottengono i risultati. Il Kaizen aiuta inoltre a mantenere la motivazione del team e ad evitare il maggior numero possibile di rischi (finanziari e tecnici): questo perché le innovazioni lunghe e talvolta incerte avvengono automaticamente eliminate. Infine, un progetto Kaizen di successo si basa più sulla partecipazione attiva e sulla mentalità positiva dei dipendenti che sugli investimenti finanziari.

- I critici dell'approccio sottolineano la mancanza di innovazione nei cambiamenti, la necessità di una forte cultura aziendale e la distribuzione talvolta non equa dei guadagni derivanti dal Kaizen (aspetto sociale).

- Il Kaikaku, che significa "cambiamento radicale", è un concetto che adotta un approccio opposto a Kaizen. Si concentra su innovazioni profonde piuttosto che su piccoli miglioramenti.

- Infine, Il Kaizen è un approccio che ha bisogno di altri strumenti per funzionare. Questi, spesso derivati dal Sistema di Produzione Toyota, agiscono a livello di gestione della qualità, logistica just-in-time, riorganizzazione degli spazi di lavoro o manutenzione delle macchine.

ULTERIORI LETTURE

BIBLIOGRAFIA

Agence Nationale pour la Promotion de l'Innovation et de la Recherche au Luxembourg (2008) *Diagramme d'Ishikawa = diagramme cause-effet.* [Online]. [Consultato il 15 febbraio 2017]. Disponibile da: < http://www.innovation.public.lu/fr/innover/gestion-innovation/resolution-probleme/diagrammeishikawa-fr.pdf>

Chaoui, K. (2004) *Le concept-clé du zéro défaut en qualité.* Annaba: Università Badji Mokhtar.

Charraud, P. (2009) *Le Kaizen du service pièces en concession.* Parigi: Télécom ParisTech.

Granger, R. (2016) Les 5S: Seiri, Seiton, Seiso, Seiketsu, Shitsuke. *Manager GO!* [Online]. [Consultato il 25 maggio 2015]. Disponibile da: < http://www.manager-go.com/management-de-la-qualite/methode-5s.htm>

HenryFord.fr (Senza data) *Toyotisme.* [Online]. [Consultato il 25 maggio 2015]. Disponibile da: < http://www.henryford.fr/fordisme/toyotisme/>

Hohmann, C. (Senza data) Kaizen amélioration continue. *Christian Hohmann.* [Online]. [Consultato il 25 maggio 2015]. Disponibile da: < http://christian.hohmann.free.fr/index.php/lean-entreprise/lean-management/289-kaizen-amelioration-continue>

Hohmann, C. (Senza data) La méthode SMED. *Christian Hohmann.* [Online]. [Consultato il 25 maggio 2015]. Disponibile da: < http://chohmann.free.fr/lean/smed_fr.htm>

Ishikawa, K. (1984) *La gestione della qualità*. Parigi: Dunod.

Kamata, S. (2008) *Toyota, l'usine du désespoir*. Parigi: Demopolis.

Liker, J. (2012) *Il modello Toyota*. Parigi: Pearson Education.

Ohno, T. (1990) *L'esprit Toyota*. Parigi: Masson.

Ohno, T. e Mito, S. (1992) *Présent et avenir du Toyotisme*. Parigi: Masson.

Porter, L. J. e Parker, A. J. (2006) *Gestione della qualità totale. I fattori critici di successo*. Bradford: Centro di gestione dell'Università di Bradford.

Processus Qualité (Senza data) *L'approccio Kaizen*. [Online]. [Consultato il 25 maggio 2015]. Disponibile da: < https://processusqualite.wordpress.com/lapproche-kaizen/>

Régol, O. e Bélanger, R. P. (2003) *Le Kaizen : ses principes et ses conséquences pour les ouvriers et syndicats*. Montreal : Les cahiers du CRISES.

VIDEO

Lean = Kaizen + Rispetto. (2012) [Video]. Michael Ballé. Istituto Lean Francia. Disponibile da: < https://www.youtube.com/watch?v=OfswK6ebrt8>

Lean Services: origini e vantaggi. (2013) [Video]. Marie-Pia Ignace. Istituto Lean Francia. Disponibile da: < https://www.youtube.com/watch?v=aRQI9JAI-I4>

Vogliamo sapere la tua opinione!
Lascia un commento sulla tua biblioteca online
e condividi i tuoi libri preferiti sui social media!

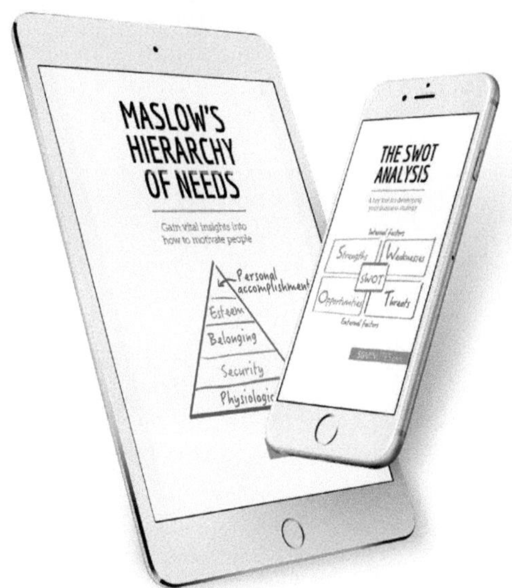

IMPROVE YOUR GENERAL KNOWLEDGE

IN THE BLINK OF AN EYE!

www.50minutes.com

L'editore garantisce l'affidabilità delle informazioni pubblicate, che non possono tuttavia impegnare la sua responsabilità.

Master ISBN: 9782808064811
ISBN cartaceo: 9782808065108
Deposito legale: D/2022/12603/97

Design digitale: Primento,
il partner digitale degli editori.